京都のお菓子教室
シトロンの

レモンのお菓子

山本稔子

京阪神エルマガジン社

はじめに

「こんなに細かいところまで教えてくれるなんて！」
泡立て器やゴムベラの持ち方、ボウルの拭い方までもレクチャーする
私のレッスンを初めて受けた方は、よくこう喜ばれます。

材料は事前に冷蔵庫で冷やしておいたり、
材料の混ぜ方だけでも６種類もあり、
それをその時々に応じて使い分けたり、
正直、私のレシピは細かくて、面倒な作業だらけです。

けれどそこには、おいしさにつながる確かな理由があるんです。
お菓子の基本材料は、粉と砂糖、それに卵とバターの四つだけ。
そのちょっとした配合や、混ぜる順序や混ぜ方、温度を変えるだけで
味も食感も別のものになるなんて、ふしぎでおもしろいですよね。

お菓子作りの楽しさを実感するには、おいしく作れることが一番！
そのために必要なのは、"丁寧に作ることの大切さ"を知ること。
そんな想いで教室を続けていたら
生徒さんの数は延べ２万人を超えていました。

私のレシピ本の記念すべき一冊目は
教室の名前にもしているレモンのお菓子を集めました。
材料も手順も少なめの簡単なものからはじまり
ページが進むに従ってステップアップしていく構成です。
手順写真をできるだけのせてポイントも書き添えて
まるでわたしのレッスンを受けているような一冊にしました。

この本を通して、お菓子作りの楽しさ、
そしておもしろさを知ってもらえたらうれしいです。

山本稔子

目次

05 はじめに

07 STEP 1
レモンと砂糖だけで作る
レモンのお菓子

10 レモンのシロップ煮
12 レモンマーマレード
14 レモンピール
16 ●シトロンの基本　混ぜ方
18 ●シトロンの基本　計量

19 STEP 2
オーブンを使わない
レモンのお菓子

20 レモンのブランマンジェ
24 レモンのクレープ
28 レモンのパート・ド・フリュイ
32 ●シトロンの基本　オーブン

33 STEP 3
オーブンで作る
レモンのお菓子

34 レモンのフィナンシェ
38 レモンのクッキー
42 レモンのパウンドケーキ
46 レモンのファーブルトン
50 レモンのシュークリーム
56 ●シトロンの基本　こだわりの材料

57 special recipe
受け継ぎたい
レモンのお菓子

58 ガトー・ウィークエンド
64 レモンのタルト
69 ●シトロンの基本　ゴムベラ
70 ●シトロンの基本　軍手

71 山本稔子が
大切にしているもの

72 *column*
とっこ先生のお気に入り。

78 *column*
教室、ときどき出張クレープ。

80 *column*
おかしな二人は、昔も、今も。

84 *information*
お菓子教室シトロンへようこそ！

86 おわりに

この本での約束ごと

- 大さじ1は15mlです。
- 電子オーブンレンジやガスオーブンを使う場合は、必ず焼成温度プラス20℃で予熱してください（理由はP32参照）。
- バターは無塩の発酵バター（P56参照）を使用しています。通常のバターや有塩バターでも代用は可能ですが風味や塩分が変わります。

STEP 1
レモンと砂糖だけで作る レモンのお菓子

最初にご紹介するのは
はじめてのお菓子作りにおすすめしたいレシピです。

主な材料は、レモンと砂糖だけ。
こんなに簡単なシロップやマーマレードをお菓子と呼んでいいの?
と思われるかもしれませんが、大丈夫。

シロップをアイスやかき氷にかけたり
トーストやヨーグルトにマーマレードを添えたりすれば
れっきとしたレモンのお菓子になるんです。

レモンのシロップ煮/
レモンマーマレード/レモンピール

Sirop de Citron Bouilli / Marmelade de Citron / Écorces de Citron

使っている材料は一緒なのに
火の入れ方や切り方で個性がでます。
3種類の中で一番作りやすいのがレモンのシロップ煮。
スライスして煮るだけのシンプルさだからこそ
アレンジが利きます。
炭酸で割ればレモンスカッシュに
オーブンで乾燥させれば
お菓子の飾りにもなり、自由自在です。

マーマレードは皮を千切りして茹でこぼし
長時間煮るレシピが一般的ですが
私はレモンをまるごと冷凍してから作ります。
解凍すると皮の繊維が柔らかくなるので
煮る時間がかなり短縮できます。
レモンの果実も果汁もすべて使うので
酸味があって心地よい苦みもあり
皮の食感もほどよく残ります。

レモンピールは少し手間がかかります。
地道な作業の繰り返しに
途中で飽きてくると思います。
でも、一度で良いので
レシピ通りに丁寧に作ってみてください。
市販のものとは違うすっきりとした甘さ
食感も柔らかく心地良い爽やかさです。

レモンの魅力が詰まった3種類。
レモンのお菓子を作る手始めに
ぜひぜひお試しください！

レモンのシロップ煮
Sirop de Citron Bouilli

◆材料

レモン	1個
グラニュー糖	60g
水	130g

冷蔵で1カ月保存可

◆作り方

1 レモンを切る
レモンを2〜3mmの厚さに輪切りする。

2 レモンを下茹でする
鍋に湯を沸かして1を加え、ワタ部分が透き通るまで茹でる。

> 下茹でしてから甘みを加えると、味がしっかり入ります。

3 グラニュー糖を加えて煮る
グラニュー糖を加えて弱火にし、10分ほど煮る。

4 保存容器に移す
熱いうちに、加熱殺菌した密閉容器に移す。

◆オーブンで乾燥させてドライレモンに

1 オーブンで乾燥する
シロップを切ってオーブンシートの上に並べ、オーブンで乾燥させる。

[電子オーブンレンジ] 予熱140℃→120℃で60分
[ガスオーブン] 予熱120℃→100℃で60分

2 シートに挟んで保存
レモンがくっつかないように、オーブンシートを挟んで密閉容器で保存するのがおすすめ。冷蔵で1カ月は保存が可能。

炭酸で割れば本格的な
レモンスカッシュに

レモンマーマレード
Marmelade de Citron

◆材料

レモン	2個
グラニュー糖	200g
ペクチン（ジャム用）	3g
水	50g
ラム酒（ホワイト）	10g

冷蔵で1カ月保存可

◆作り方

1 レモンを凍らせる

レモンを6時間以上冷凍する。

凍らせることで、煮る時間を短縮できます。

2 レモンを薄切りする

常温で解凍してから6〜8等分のくし切りにして、なるべく薄くスライスする。

3 ペクチンを準備する

ボウルにグラニュー糖、ペクチンを入れ、しっかり混ぜ合わせる。鍋に移して、水を加えてさらによく混ぜる。

ペクチンを直接加えるとダマになるので、グラニュー糖と混ぜてから使います。

4 120℃に加熱する

強火にかけて120℃まで加熱したら火を止め、すぐに2を加えて混ぜる。

粘度を付けたシロップをレモンに絡めるイメージです。

5 100℃に加熱する

中火にかけて100℃まで加熱したら火を止める。すぐにラム酒を加え混ぜる。

6 保存容器に移す

熱いうちに加熱殺菌した密閉容器に入れて、冷蔵庫で保存する。

トーストにのせるだけで
気の利いたおやつの完成

レモンピール
Écorces de Citron

◆材料

レモン ……………………… 2個
グラニュー糖 ………… 210g
水 ………………………… 160g

冷蔵で3カ月保存可

◆作り方

1 皮だけにする

レモンを半分にカットして果汁を搾る。薄皮を取り除いて、さらに半分に切る。

果汁は使いません。冷凍して他のお菓子などに活用してください。

2 下茹でする

鍋に入れてかぶるくらいの水を加え、強火にかける。沸騰したら中火で10分茹で、水にさらして水気を切る。すっと爪が入る柔らかさまで2回以上繰り返す。

3 シロップを作る

鍋にグラニュー糖、水を合わせて中火にかける。沸騰させてグラニュー糖をしっかり溶かす。

4 シロップで煮る

2を加えて2分煮たら網の上に並べ、5分休ませる。

沸かし過ぎると、水分が飛んで白く硬くなるので要注意です。写真を目安に。

5 休ませたら再び煮る

4を計5回繰り返す。

煮ては冷ましを繰り返してシロップをゆっくり浸透させる。皮の食感を適度に残しつつ、均一に甘みを入れていきます。

6 しばらく漬け込む

加熱殺菌した瓶に皮を詰め、シロップを沸騰させてからひたひたになるまで注ぐ。シロップが冷めてから蓋を閉め、冷蔵庫で1週間以上寝かせる。

グラニュー糖をまぶして
お茶やワインのお供にしても

混ぜ方

空気を含ませればふわっと軽く、練らないようにすればサクッと歯切れのよい食感に。混ぜ方一つで、食感に大きな違いが生まれます。私は目が詰まった濃厚な風味の生地が好きなので、空気を含ませない混ぜ方が中心です。

◆円に混ぜる

泡立て器を使って全体をまんべんなく混ぜる、最も多く登場する方法。速く混ぜすぎると空気が入ってしまうので、1秒に1回のスローペースが基本です。生地に粘度がある時は木ベラを使います。左右どちら回しでもOK。

ボウルの直径に合わせて大きな円を描きます。泡立て器はボウル側面に沿うようにやや斜めに。

円が小さいのは✗

円が小さすぎると真ん中だけが混ざり続けて、生地が均一になりません。

→ 円は大きく!

◆前後に混ぜる

卵を溶きほぐしたり、グラニュー糖を混ぜ溶かしたりするほか、卵白のコシを切る時などの混ぜ方。ボウルは傾けて、泡立て器はボウルに対して横になるよう持つと動かしやすいです。

ボウルを傾け、泡立て器の位置をキープしたままにすることで均一に混ざっていきます。

ボウルを平らに置くのは✗

ボウルを平らに置いたままだと均一に混ざりにくいです。

→ ボウルは常に傾けて!

◆切り混ぜる

粉類の生地にグルテン(ねばり)を出さないためや、メレンゲなどの気泡をつぶさないように混ぜる方法です。お菓子の本では「切るように混ぜる」と書かれていることが多いです。

1 左からスタート

ボウルを見下ろして左上が出発点。木ベラは側面を垂直に構えます。

2 奥から手前に4回

生地を4分割するように、奥から手前に真っ直ぐ4本の線を描きます。

3 生地を返す

生地の上下を変え、ボウルを手前に30度回します。馴染むまで1〜3を繰り返します。

シトロンの基本

◆ 楕円に混ぜる

空気をなるべく入れない混ぜ方。空気が入ることで、生地の密度が薄くなって味や香りが弱くなってしまうからです。主にバターをなめらかに練る時に使います。左右どちら回しでもOK。

ボウルの底幅いっぱいの楕円を、2秒で3〜4回描くのが基本です。

木ベラを垂直に立てると空気が入りやすくなってしまうので、注意しましょう。

→ **木ベラは常に45度！**

◆ すり混ぜる

粉類を混ぜたばかりの生地はまだ不均一な状態。表面の粉を中に入れて、生地を滑らかに整える方法です。歯ごたえを出してもOKなクッキー生地のひび割れや変形を防ぐために使うことが多いです。

木ベラの前面でボウルの底に生地をすりつけては、ボウルを手前に30度回します。

ボウルを回さないと同じ場所を混ぜ続けることになり、均一になりません。

→ **ボウルは回す**

◆ すくい上げる

生地の底に沈んだ小麦粉などの粉類や、メレンゲなどの気泡をつぶさないように混ぜる方法です。広い面を生かすために、木ベラの角度は進行方向に対して常に垂直を保ちます。泡立て器を使うこともあります。

1 中央からスタート

ボウル中央が出発点。木ベラは側面を垂直に構えます。

2 左へスライド

木ベラの先端をボウルの底に沿わせながら、左端まで真横に動かします。

3 真上にすくって返す

内側をこすり上げるようにして生地の上下を返し、ボウルを手前に30度回します。

シトロンの基本

計量

お菓子作りでまず大切なことは、レシピ通り材料を量りそろえること。作る前に準備しておくと、途中で手を止めることなく作業に集中できます。その時ボウルよりおすすめしたいのが、食品用の保存容器です。

私のお菓子教室では、量り終えた材料を、こんな風に量に合わせた蓋付きの保存容器に入れてご用意しています。これが本当に便利で、ご自宅でも真似をされる生徒さんがたくさんいらっしゃいます。ボウルと違って中身が入っていても重ね置きできるので収納しやすいのもポイント。冷蔵庫で材料を冷やす時も、無駄なくスペースを使えるんです。おすすめは中身がよく見える、蓋も本体も無色の透明または半透明のもの。サイズは大中小揃えておくと使い勝手バッチリです。私が持っているのは100円均一ショップで購入した100ml・180ml・330mlの3サイズ。ご家庭なら各3個ずつあれば十分なので、ぜひ一度お試しを！

STEP 2

オーブンを使わない
レモンのお菓子

「温度調整が難しそう」「なんとなく使うのが怖い」……。
お菓子作りのハードルを上げている理由の一つとして
使い慣れないオーブンの存在は大きいですよね。

そこで、次のステップとして
「オーブンを使わない」お菓子を集めました。

ブランマンジェやパート・ド・フリュイは、
混ぜ合わせた材料を火にかけた後に流しかためるだけ。
クレープは生地をフライパンで焼くだけ。
すべて、コンロ一つあれば作れます。

クレープにかけるレモンシロップは
STEP 1で作ったもの。
ブランマンジェにかけてもおいしいですよ。

レモンのブランマンジェ
Blanc-Manger au Citron

おいしい食べ方

冷蔵庫で3〜4日保存可能です。温度が上がると柔らかくなって溶けてしまいます。よく冷えた状態でお召し上がりください。お好みでハチミツをかけたりイチジクやマンゴー、イチゴなど季節のフルーツを合わせると、味の雰囲気が変わって楽しくなります。

ブランは白い、マンジェが食べ物
まさに見たまま、白い食べ物という意味です。

本格的なブランマンジェは
牛乳とアーモンドを使いますが
このレモンのブランマンジェは
ヨーグルトとレモン汁で作ります。
氷水にあてて温度計できちんと測り
泡立て器で混ぜながら冷やします。
氷の量が少ないとなかなか冷えないので
混ぜる時間が長くなり地味に腕が疲れます。
予め多めに準備しておいてください。

容器に流し込んだら冷蔵庫でゆっくりと
時間をかけて冷やし固めてください。
ゼラチンの量が少ないので
固まるのに少し時間がかかりますが
ふるふるでやわやわの心地の良い食感です。
盛り付ける時のポイントは指先で
ブランマンジェを少しだけカップからはがすこと。
はがした瞬間にお皿に手早く
でもやさしく逆さにしてください。

私はお皿に盛り付けたら食べる前に揺らします。
フルンフルン、おいしそうに揺れます。
召し上がる前にぜひお楽しみください。

レモンのブランマンジェ

◆材料(90mlのプリンカップ6個分)

A
- レモン汁 ················ 70g
- 無糖ヨーグルト ········ 45g
- グラニュー糖 ··········· 60g
- ハチミツ ················ 7g
- 水 ······················· 150g

粉ゼラチン ················ 4g
氷水 ······················· 22g
ラム酒(ホワイト) ········ 3g
生クリーム(脂肪分35%) ···· 75g

◆作り方

1 粉ゼラチンをふやかす

粉ゼラチンを氷水にふり入れ、冷蔵庫で30分以上ふやかしておく。

> ゼラチンはぬるくなると臭みが出るので、氷水を使い、直前まで冷やしておきます。

2 プリンカップを冷やす

プリンカップを冷蔵庫で30分以上冷やしておく。

> スムーズに冷やし固めるために、容器もしっかり冷やしておきます。

6 10℃に冷やす

氷水を当てながら円に混ぜる。10℃まで冷やしてから、ラム酒を加える。

> この後に混ぜ合わせる生クリームがぬるくならないように冷やします。

7 生クリームと合わせる

生クリームを別のボウルに入れ、**6**を加えながら円に混ぜる。

> 比重が重いもの(生クリーム)に軽いものを加えると、スムーズに混ざります。

3 Aを混ぜ合わせる
ボウルにAを合わせ、泡立て器で円に混ぜる(P16)。

4 40℃に温める
60℃前後の湯せんにかけ、円に混ぜながら40℃に温める。

温めすぎるとレモンの繊細な風味が飛んでしまうので気をつけましょう。

5 粉ゼラチンを加える
1を60℃前後の湯せんで溶かす。少しずつ4に加えながら、円に混ぜる。

8 こして泡を取る
こし器でこし、表面の泡をすくい取る。

9 冷やし固める
2のプリンカップに流し入れ、盛り付け皿と共に冷蔵庫で4〜5時間冷やす。プリンカップから取り出して皿に盛る。

レモンのクレープ
Crêpe au Citron

クレープは本当にお手軽。
材料を順番に混ぜるだけで出来上がります。
ですが、その混ぜ方がとっても重要。
ポイントは、必ずゆっくり混ぜること。
速く混ぜると粘りが出てしまい
ゴムのような硬い食感になります。
そしてもう一つ重要なのが
生地を必ず二晩寝かせることです。
この二つを守ると歯切れのいい
モチモチ感が特徴のおいしい生地になります。

生地を焼く時はフライパンをしっかり温めてください。
表面にキレイなちりめん模様がついて
おいしそうな焼き上がりになります。
私はクレープ専用のフライパンで焼いて
パレットナイフで生地を裏返していますが
なければおうちにあるフライパンと
フライ返しを使ってください。

初めてフランスに行った時に
初めて食べたお菓子がレモンのクレープでした。
憧れのパリをドキドキしながら歩いていると
移動販売のクレープ屋さんを見つけました。
メニュー表を見てもまったくわかりません。
かろうじて読めそうな単語を見つけて
勇気をもって発音したのが「citron」でした。
私の「citron」を聞いた店員さんは軽く頷き
クレープを慣れた手つきで焼き始め
火が通ってきたところで砂糖をザザっとふりかけ
半割りのレモンを片手でギュウっと搾りました。
ジュワーーっという音と一緒にレモンの香りが
ふわぁと私の鼻までやってきます。
えー！　シトロンてレモンやったんか！
それが忘れもしない、私とシトロンの出合いです。

おいしい食べ方

焼きたてを温かいうちにどうぞ。冷めても常温でもおいしいので、急がずお皿に盛り付けてください。生地の味がしっかりしているので、アイスクリームは濃いめのミルク味がおすすめ。ドライレモンを飾るとかわいいですが、ひと手間かかるので無くても大丈夫です。焼いたクレープが食べきれない場合はラップで包み冷蔵庫で2～3日間保存が可能。その場合は熱したフライパンで軽く温め直してからお召し上がりください。

レモンのクレープ

◆ **材料**(直径18cm8枚分)

〈クレープ生地〉

バター	30g
卵	96g
グラニュー糖	42g
牛乳	25g／275g
薄力粉	90g
サラダ油	適量

〈ソース・トッピング〉

レモンシロップ(P10「レモンのシロップ煮」のシロップ)	適量
ドライレモン(P10参照)	適量
バニラアイス	適量
ミントの葉	適量

◆ **作り方**

1 バターを溶かす

鍋にバターを入れて中火で溶かす。音が立ち始めたら弱火にし、スプーンで混ぜながらじっくり加熱する。

2 バターを焦がす

バターがキャラメル色になったら、鍋ごと氷水を入れたボウルにあてる。

> 写真より焦がすと苦みが出るので、急冷して加熱を止めます。

6 バターを加える

2を加えながら、円に手早く混ぜる。

7 生地を寝かせる

ラップをして冷蔵庫で二晩寝かせる。

> じっくり寝かせることで、もっちりした歯ぎれのよい食感の生地になります。

3 卵液を作る

ボウルに卵を入れ、泡立て器で軽くほぐす。グラニュー糖を加えて前後に混ぜ(P16)、牛乳25gを加えてゆっくりと円に混ぜる(P16)。

4 薄力粉を加える

薄力粉をふるいながら、3回に分けて加える。ダマがほぼなくなるまで、ゆっくりと円に混ぜる。

| 生地に粘りが出ないよう、ゆっくり混ぜるのが大切です。

5 牛乳を加える

牛乳275gを3回に分けて加える。1、2回目はゆっくり円に混ぜ、3回目は手早く円に混ぜる。ボウルの底に粉の粘りを感じなくなったら裏ごしする。

8 生地を焼く

フライパンにサラダ油を熱する。少し煙が上がったら、7のクレープ生地70mlを薄く広げる。

| クレープ生地が2層に分かれた状態になっているので、よく混ぜてから焼いてください。

9 生地を裏返す

生地の表面全体が乾いたら、裏面の焼き色を確認。裏返して焼く。

| 少しめくって、写真の様に全体が濃い茶に焼けているのを確かめてから裏返しましょう。

10 盛り付ける

好みの形に折りたたんで皿に盛る。レモンシロップをかけてバニラアイスをのせ、ミントの葉とドライレモンを飾る。

レモンのパート・ド・フリュイ
Pâte de Fruits au Citron

作るのが難しそうだなと思われがちですが
そんなことはありません！
お鍋一つでできて、オーブンも使いません。
作るポイントはスピード、
そして、温度計を使って温度をきっちりと測ること。
クエン酸を加えたら固まるのが早いので
慌てないように流し込む容器をそばに置いて
手際よく作業を進められるように準備しておきます。
固まったら包丁で正方形や長方形
三角形など自由にカットしてください。
仕上げにまぶすクリスタルシュガーは
グラニュー糖より粒が大きいので
カリカリの楽しい食感がプラスされます。
なければグラニュー糖で代用してください。
お砂糖がキラキラとキレイで日持ちするので
プレゼントにすると喜ばれます。

このレモンのパート・ド・フリュイは
個数限定で販売した"お菓子のお弁当"を
作ったことがきっかけで誕生しました。
楕円形の型でフィナンシェを焼いてコロッケに
黄色と白色のメレンゲで半割の茹で卵に
クッキーに赤色のアイシングをして赤ウインナーに
どうしても最後に作りたかったのがたくあんでした。
あれこれ考えて辿り着いたのがパート・ド・フリュイ。
薄切りのたくあんに見えるように容器に薄く流し込み
円形の型で抜いて砂糖をまぶしてみたら
味も見た目も申し分ないお菓子のたくあんが完成。
決してメジャーなお菓子ではないですが
食べたお客さんや生徒さんから
「レモンのたくあん大好きです！」
と言ってもらえるくらいファンが急増しました。
レモンのたくあんじゃなく"レモンのパート・ド・フリュイ"
これを機に本当の名前を覚えてもらえたらうれしいです。

おいしい食べ方

密閉容器や袋に入れて常温で1カ月ほど保存可能。作りたては柔らかい食感、日が経つにつれて乾燥して弾力のある食感になります。個数もたくさんできるので食べ比べをしてお好みの食感をぜひ見つけてください。

レモンのパート・ド・フリュイ

◆材料（18×13cmバット1枚分）

グラニュー糖	30g／194g
ペクチン(HMタイプ)	6g
レモン汁	113g
水	34g
水あめ	65g
クエン酸（水1gに溶かしておく）	1g
ラム酒（ホワイト）	7g
クリスタルシュガー（粗粒のグラニュー糖）	適量

◆作り方

1 ペクチンを下準備する

グラニュー糖30gとペクチンを混ぜ合わせ、鍋に入れる。

> 粒子が細かいペクチンは直接液体に入れるとダマになるので、グラニュー糖と混ぜてから使います。

2 レモン汁・水と混ぜる

泡立て器で混ぜながらレモン汁と水を加える。

6 クエン酸を加える

火を止めて、クエン酸を加え、木ベラで手早く混ぜる。

> クエン酸を加えると、驚くほどすぐに固まります。ここからはスピード勝負です！

7 バットに流して固める

ラム酒を加えて手早く混ぜ、バットに流す。粗熱がとれたらラップをかけて常温で24時間以上おく。

> ペクチンはゼラチンと違って、冷やさなくても固まります。

3 グラニュー糖を加える

強火にかけて沸騰したら中火にし、グラニュー糖194gを3回に分けて加える。

| グラニュー糖が溶けてから2・3回目を加えること。

4 水あめを加える

水あめを加え、木ベラで混ぜる。

| 水あめは電子レンジ(500Wで10秒前後)にかけて柔らかくすると、加えやすいです。

5 105℃まで煮詰める

木ベラで絶えず混ぜながら105℃になるまで煮詰める。

| 温度を測るのは、煮詰め具合を確認するため。固まらないという失敗を防ぐために、温度管理は必須です。

8 カットする

クリスタルシュガーを上面にまぶしてバットから取り出し、2cm角に切る。

| サイズも切り方も自由ですが、定規で測りながら切り揃えるとキレイです。

9 シュガーをまぶす

クリスタルシュガーを全面にまぶす。

| 断面ができるたびにクリスタルシュガーをまぶすとキレイに切れます。

10 好みの食感に乾かす

ケーキクーラーや網にのせ、常温で1〜2日ほど自然乾燥させる。

シトロンの基本

オーブン

どんなに上手に生地を作っても、焼く工程をおろそかにしたら台無しです。
オーブンを使いこなすことで、お菓子の完成度はグッと上がります。
ここでは、オーブンを扱う上での基本的な注意点をお話しします。

予熱は+20℃で

予熱せずに低温で焼き始めると、バターだけが先に溶けて生地がダレたり、生地が膨らまないなどの原因に。ですから、焼く前の予熱は必須です。扉を開けたときに温度が下がることを見越して、焼成温度+20℃に設定するのが基本と覚えてください。

途中で前後入れ替えを

電子オーブンレンジもガスオーブンも、庫内の奥と手前でどうしても温度に差があります。レシピには記載していませんが、焼成時間の半分を目安に、天板を180度回して前後を入れ替えることをおすすめします。

時間は+5分、温度は±20℃で微調整

オーブンの個体差によって、適切な焼成温度や時間に誤差があります。レシピ通りの焼き時間に5分足してもうまくいかない場合は、±20℃で温度を変えて調整をしてください。

"クセ"をつかみましょう

いつも右端だけが焦げたり、手前が生焼けになってしまったり……。オーブンによって焼きムラのクセは違います。均等に焼き上げるためには、そのクセを理解することが大切。見つけたクセに合わせて天板の位置を変えながら焼いてみましょう。

耳を切り落とした食パン（もしくはサンドイッチ用で耳を落とす手間が省けておすすめ）を天板に並べて位置を入れ替えずに焼いてみると、焼きムラのクセが一目でわかります。

STEP 3
オーブンで作る
レモンのお菓子

二つの段階を経たら、
いよいよ本格的なお菓子作りのスタートです。
「オーブンで作る」お菓子に挑戦してみましょう。

焼きムラがあったり、
温度がイメージより高すぎたりなど、
オーブンのクセは、繰り返し使うことでつかんでいくもの。
まずは簡単なファーブルトンやクッキーで手慣らしを。
ある程度感覚をつかんでから
難易度の高いシュークリームに挑戦するのを
おすすめします。

バターと粉が焼けていく時のなんともいえない香りは
オーブンで作るお菓子ならではのごちそうです。
そんなおいしい時間も、ぜひお楽しみください。

レモンのフィナンシェ
Financier au Citron

レモンのフィナンシェが出来上がるまで苦節10年。
果汁を入れたり皮を入れたり
思いつくことは色々と試しましたが
なかなか思うようなものができずにいました。

レモンのパート・ド・フリュイ(P28)の試作が成功した時に
これがフィナンシェの上にのっていたら、おいしいかも！？と
作ってみたら理想の味に出来上がりました。

焼きたてはカリカリっとした食感で
格別なおいしさがあります。
それは、作った人だけの最高の特権です。

作る時のポイントは卵白の泡立て加減。
透明の卵白が白色になるまで頑張ってください。
泡立て器ですくって落とすとサラーっと流れたらストップ！
フワフワになるまで泡立てないように注意です。

レモンのパート・ド・フリュイをのせずに焼くと
シンプルなプレーンのフィナンシェになります。
レモンあり、なしの2種類作って
どちらもお楽しみください。

おいしい食べ方

常温保存で1週間ほど、暑い時期は冷蔵庫で保存してください。焼きたては生地の外側がカリカリした食感です。時間が経つとしっとりしてきますが、オーブンやトースターで、焦がさないように軽くリベイクしてから少し冷まして食べると、焼きたてに近い食感になります。

レモンのフィナンシェ

◆材料(7×4cmの舟型12個分)

〈フィナンシェ生地〉

バター	80g
卵白	80g
グラニュー糖	80g
水あめ	20g
アーモンドパウダー(ふるう)	30g

A (合わせてふるう)
薄力粉	20g
強力粉	20g

〈トッピング〉

レモンのパート・ド・フリュイ
(P28参照) ……… 適量

◆作り方

1 バターを溶かす

小鍋にバターを入れ、中火で加熱する。完全に溶けて少し色付いてきたら弱火にし、スプーンでかき混ぜる。

2 バターを焦がす

大きな泡が落ち着いて鍋底の沈殿物が濃い茶色になったら、鍋ごと水を入れたボウルにあてて急冷する。

写真より焦がすと苦みが出るので、急冷して加熱を止めます。

6 焦がしバターを加える

2を70〜80℃に調節し、2〜3回に分けて5スプーンで加える。泡立て器でゆっくり円に混ぜる。

温めたバターで生地の温度を上げて、水あめをしっかり溶かします。

7 すくい上げで混ぜる

バターが馴染んだら、全体をムラなくすくい上げる(P17)。

3 卵白を泡立てる

ボウルに卵白を入れて泡立て器で軽くほぐす。グラニュー糖、水あめを加え、泡立て器で前後に混ぜる(P16)。

| 写真の卵白くらいにきめ細かく泡立てると、ふんわりした生地になります。

4 アーモンドパウダーを加える

アーモンドパウダーを一度に加え、ゆっくり円に混ぜる(P16)。

5 粉類を加える

Aを2回に分けて加え、その度に、粉が見えなくなるまでゆっくり円に混ぜる。

8 型に流す

常温に戻したバター(分量外)を、型に塗る。7を八分目まで流し入れ、冷蔵庫で15分ほど冷やす。

9 トッピングする

小さく切ったレモンのパート・ド・フリュイを中央にのせる。

| 生地を冷やし硬くすることで、焼いた後もパート・ド・フリュイが底に沈みにくくなります。

10 オーブンで焼く

予熱したオーブンで焼き、焼きあがったらすぐに型から外して冷ます。

[電子オーブンレンジ] 予熱240℃→220℃で12分
[ガスオーブン] 予熱220℃→200℃で10分

| 冷めると型から外れにくくなります。

レモンのクッキー
Sable au Citron

レモンのお菓子屋をしていた時に
人気だった商品の一つがクッキー。
オープンした2006年頃は
今ほどレモンのお菓子が注目されていなかったので
それをメインにしているお菓子屋は
珍しかったように思います。
当時のスタッフが
レモンの形の型抜きを見つけてくれたので
黄色いレモン味のアイシングを塗って作り始めました。
すると、小さくてコロンとしたかわいらしさも相まって、
予想外に売れてたちまち人気者になりました。

しかも、ただかわいいだけじゃないんです。
ちゃんとおいしいのです。
クッキー生地に発酵バターを贅沢に使い
アーモンドパウダーも入れているので
味も歯応えもしっかりとしています。
卵白とレモン汁で作ったアイシングを塗ると
水分が染み込んで少ししんなりとするので
こんがり色づくまで焼いてください。

アイシングはコルネと呼ばれる
小さな絞り袋を使って作業します。
厚塗りするのがおいしさのポイント。
ちょっと面倒ですが、やりだすとおもしろい作業です。

お手間であればアイシングなしの
焼きっぱなしで食べてください。
このシンプルさは、食べ出したら止まりませんよ！

おいしい食べ方

瓶などの保存容器に入れて、しっかりと密封してください。常温で2週間ほど保存可能。作った日からお召し上がりいただけますが、焼いた翌日から生地の風味が出て、おいしくなってきます。日に日に変化する味わいを、お楽しみください。

レモンのクッキー

◆材料
（3.5x2.5cmの抜き型約50枚分）

〈クッキー生地〉

バター（少し硬めに常温に戻す）
.... 50g
粉糖（冷蔵庫で冷やす）...... 32g
卵（溶きほぐして冷蔵庫で冷やす）
.... 17g
アーモンドパウダー
　（冷蔵庫で冷やす）........ 13g
A（ふるって冷蔵庫で冷やす）
　薄力粉 83g
　ベーキングパウダー
　　........................ 0.5g
強力粉（打ち粉用。薄力粉でも可）
.... 適量

〈アイシング〉

粉糖 50g
卵白 7g
レモン汁 2g
食用色素（黄）............... 1g

◆作り方

1 バターを練る

バターを木べらですり混ぜ（P17）、マヨネーズ状にする。

生地の味が薄くなるので、液状に溶かさないよう注意してください。

2 粉糖を加える

粉糖を3回に分けて加える。加える度に70回楕円に混ぜる（P17）。

少しずつ混ぜた方が、一度に混ぜるよりも早くキレイに混ざります。卵や粉も同じです。

6 生地をすり混ぜる

だいたい混ざったら木べラの平らな面ですりつぶすようにして、粉が見えなくなるまですり混ぜる。

7 生地をまとめる

さらに木べラで20回ほどすり混ぜてから、カードで奥から手前に15回ほど折り返して生地をまとめる。

練らないように、表面の粉を少しずつ中に入れていきます。

11 型で抜く

好みの型で抜いてラップを敷いたバットに並べ、冷蔵庫で15分ほど休ませる。

休ませないと表面に油が浮いたくどい生地に焼けてしまいます。

12 オーブンで焼く

オーブンシートを敷いた天板に指1本分空けて並べ、予熱したオーブンで焼く。

（電子オーブンレンジ）予熱230℃→210℃で10分
（ガスオーブン）予熱210℃→190℃で10分

3 卵を加える

卵を3回に分けて加える。加える度に70回楕円に混ぜる。

4 アーモンドパウダーを加える

アーモンドパウダーを一度に加えて切り混ぜる(P16)。だいたい混ざったら50回楕円に混ぜる。

5 粉類を加える

Aを2回に分けて加える。加える度に切り混ぜる。

| 生地が硬くなるので練るのはNG。

8 生地を寝かせる

生地を四角に整えてラップで包み、冷蔵庫で一晩寝かせる。

| 時間をおくことで、生地のつながりが良くなり味がなじみます。

9 生地をめん棒で押す

8をまな板に置き、両面に打ち粉をする。両面を上からめん棒で押して、のばしやすい硬さにする。

| 生地がダレないよう、めん棒とまな板は冷蔵庫で冷やしておきます。

10 生地をのばす

再び打ち粉をして、めん棒で3mmの厚さにのばす。生地の両面とまな板についた余分な粉をハケではらう。

| 厚さ3mmの木材や定規を添えてのばすと、厚みがキレイにそろいます。

13 絞り袋を作る

三角に切ったオーブンシートを円錐状になるように端から巻き、テープなどで留める。

| 市販の絞り袋でも大丈夫。長さ15cmが使いやすいです。

14 アイシングを作る

ボウルに粉糖を入れ、卵白を3回に分けて加える。加える度に泡立て器でゆっくりと円に混ぜる(P16)。食用色素を溶かしたレモン汁を加え、泡立て器でゆっくりと円に混ぜる。

15 アイシングを塗る

13に14を詰め、絞り袋の先端をハサミで切る。12に塗り4〜5時間ほど乾かす。

レモンのパウンドケーキ
Cake au Citron

レモン汁は少ししか使いません。
全体的にさりげない酸味に仕上げ
レモンの皮のおいしさを生かしています。
皮のシロップ漬け(P14)は
自家製でも市販のものでも大丈夫です。
市販のものは粘り気のあるシロップがついてる場合があるので
水で洗い流してキッチンペーパーなどで
水分をきちんと拭き取ってから使ってください。
フレッシュなレモンの皮のすりおろしを
グラニュー糖と水分が出るまですり合わせると
さわやかな香りがググッとアップしますので
ぜひ試してみてください。

食感は軽い仕上がりになっています。
泡立てた卵白を生地に混ぜる時は
やさしくゆっくりが大事です。
手早く混ぜたり回数を多く混ぜると
卵白の泡がつぶれてしまい、
十分に膨らまず硬く仕上がります。

さらにおいしく仕上げるポイントは
焼き上がってから放ったらかしにしないこと。
オーブンから出したら、
生地が熱々のうちにシロップをハケで
どんどん塗ってどんどん染み込ませます。
冷めるとシロップが染み込みにくくなります。
お風呂上がりの素肌に
化粧水を染み込ませるのと同じ感覚です。
その後はシロップの水分が飛んで乾燥しないように
ラップですぐに密閉してください。
これで完璧な保湿の完了です。
日にちが経っても生地がパサパサしません。
自分の肌も焼き上がりのパウンドケーキを仕上げるように
丁寧にお手入れできるようになりたいものです。

おいしい食べ方

常温保存で1週間くらい日持ちします。暑い時期は冷蔵庫で保存してください。冷えすぎていると生地が硬く、レモンの香りも感じにくいので常温に戻してからお召し上がりください。焼いた日は柔らかくてフレッシュな風味、翌日から風味が落ち着いてきて食べ応えのある生地感になります。

レモンのパウンドケーキ

◆材料
（18×7×5.5cmのパウンド型1本分）

〈生地〉

バター（常温に戻す）	77g
グラニュー糖	63g／1g
溶き卵（常温に戻す）	50g
スキムミルク	4g
レモンの皮	1/2個分
レモンピール（P14参照。細かく刻む）	40g

A（それぞれ冷蔵庫で冷やす）

卵白	40g
グラニュー糖	10g

B（合わせてふるう）

強力粉	35g
コーンスターチ	23g
ベーキングパウダー	1g

〈シロップ〉

グラニュー糖	16g
水	12g
ラム酒（ホワイト）	5g
レモン汁	10g

◆作り方

1 バターを練る

バターを泡立て器で円に混ぜ（P16）、マヨネーズ状にする。

バターを柔らかくすることで卵と分離しにくくなります。

2 グラニュー糖を加える

グラニュー糖63gを3回に分けて加え、加える度に50回ほど円に混ぜる。

写真の様に、バターが白くふんわりとしたらOKです。

6 レモンピールを加える

レモンピールを加え、円に混ぜる。

7 卵白を泡立てメレンゲを作る

別のボウルに**A**を合わせ、ハンドミキサー（ビーター1本/2速で1分→3速で1分）で泡立てる。ビーターが垂直に立つくらいが目安。

少量の場合はビーター1本のほうが効率よく泡立ちます。

11 ツヤが出るまで混ぜる

ボウルの内側を払い、ゆっくり30〜40回すくい上げる。

粉けがなくなってからさらに混ぜることで、粉と水分がしっかりつながって、口どけのいい生地になります。

12 オーブンで焼く

クッキングシートを敷いたパウンド型に生地を流し、予熱したオーブンで焼く。

[電子オーブンレンジ] 予熱200℃→180℃で40分
[ガスオーブン] 予熱180℃→160℃で40分

両端を高くするとキレイに膨らみます。

3 卵を加える

溶き卵を5回に分けて加える。加える度に50回ほど円に混ぜる。

> バターと卵は分離しやすいので、少量ずつ馴染ませます。

4 スキムミルクを加える

スキムミルクを加え、円に混ぜる。

> スキムミルクを入れるとコクのある生地になります。

5 レモンの皮を加える

すりおろしたレモンの皮を、グラニュー糖1gとすり混ぜる。4に加え、円に混ぜる。

> 事前にすり混ぜておくことで、レモンの香りが生地に馴染みやすくなります。

8 メレンゲを加える①

6に7の1/3量を加え、泡立て器で円によく混ぜる。

> 生地を混ざりやすくするためのひと手間。メレンゲの泡を消してください。

9 メレンゲを加える②

残りの7を加え、木ベラに持ち替える。卵白がほぼ見えなくなるまで、ゆっくりすくい上げる（P17）。

> ここからは卵白の泡をつぶしてはダメ。木ベラにチェンジしてすくい上げで混ぜます。

10 粉類を加える

Bを4〜5回に分けて加える。加える度に、粉がほとんど見えなくなるまでゆっくりすくい上げる。

13 シロップを作る

小鍋にグラニュー糖、水を合わせ、中火にかけてグラニュー糖を溶かす。冷めたら、ラム酒、レモン汁を加えて混ぜる。

14 シロップを塗り逆さに

12が焼けたらすぐに上面に13をハケで塗る。上下逆さにして型から取り出し、クッキングシートを外す。

> 焼きたてを逆さにすることで、生地の上層部と下層部を均一なきめ細かさにすることができます。

15 全面にシロップを塗る

ケーキクーラーにのせて全面に13を塗り、ラップをして冷ます。

> ラップをして保湿しながら常温で冷まして、シロップを馴染ませたら完成！

レモンのファーブルトン
Far Breton au Citron

フランス・ブルターニュ地方の伝統菓子です。
どんなお菓子ですか？と聞かれると
厚焼きのクレープみたいなものですと答えています。

もちもちの食感はカヌレに似ていますが
おうちで作りやすいのは
断然ファーブルトンです。
カヌレはカヌレ型が必要ですが
ファーブルトンは色んな型で代用できます。
今回はマフィン型で小さく作っていますが
スポンジを焼く丸型やパウンド型で焼いて
食べたい大きさにカットすることもできます。

このお菓子のおもしろいところは焼き方です。
型の内側全体にハケでバターを塗って
グラニュー糖をまぶしてから生地を流し込み
その表面に小さくカットしたバターを
バランスよく散らしてオーブンで焼きます。
溶けたバターでグツグツと揚げ焼きとなり
上へ上へとプクーーーっと膨らんで、
ウネウネと暴れ出してくるところが
私的にテンションが上がる見所です。
ぜひお見逃しなく！

焼き上がったらすぐに型から出してください。
溶けたグラニュー糖が冷えると固まって
型から出しにくくなるのでご注意を。

おいしい食べ方

焼きたてから少し冷めた、ほんのり温かい状態がおすすめです。常温で食べてもおいしいです。冷めたらラップで包んで冷蔵保存で5日、冷凍保存で2週間程を目安に。冷えると硬くなるので常温にしばらく置いて柔らかくなったらオーブンやトースターで焦がさないようにリベイクすると、焼きたてのもちもちの食感に近くなります。

レモンのファーブルトン

◆材料
(直径7cmのマフィン型6個分)

〈生地〉

卵	20g
卵黄	20g
グラニュー糖	35g
カソナード(国産のきび砂糖でも可)	25g
無糖ヨーグルト	18g

A (合わせてふるう)

薄力粉	28g
強力粉	28g

B (塩を溶かし混ぜておく)

牛乳	90g
生クリーム(脂肪分35%)	72g
塩	2g

〈トッピング〉

レモンのマーマレード(P12参照)	30g
バター(細かく刻む)	12g

◆作り方

1 卵をほぐす

ボウルに卵と卵黄を合わせ、泡立て器で前後に混ぜて(P16)溶きほぐす。

> 卵黄を多めにすると、コクと旨みが強くなります。

2 糖類を加える

グラニュー糖とカソナードを加え、前後に混ぜる。

> カソナードは、フランス生まれのきび砂糖。キャラメルのような独特の香りがあって、味に深みが出ます。

6 生地を寝かせる

ラップをして冷蔵庫で二晩寝かせる。

> じっくり寝かせることで、もっちりした歯切れよい食感の生地になります。

7 型を準備する

マフィン型に常温に戻したバター(分量外)をハケで塗り、グラニュー糖(分量外)を全体にまぶす。

> キャラメル状に焦げたグラニュー糖が、生地の表面をカリツヤにします。

3 ヨーグルトを加える

無糖ヨーグルトを加え、円に混ぜる(P16)。

4 粉類を加える

Aを4～5回に分けて加える。加える度に粉が見えなくなるまでゆっくり円に混ぜる。

| 生地に粘りが出ないよう、少しずつゆっくりと粉を馴染ませます。

5 牛乳などを加える

Bを5回に分けて加える。加える度にゆっくり円に混ぜる。

8 生地を型に流す

レモンのマーマレードを5gずつ敷き入れ、6を60gずつ流し込む。

| デジタルはかりを使って生地の量を揃えると、焼きムラを防げます。

9 バターをのせる

バターを2gずつ表面に散らす。

| 溶けたバターが生地の表面を揚げ焼いて、風味も食感もグッとよくなります。

10 オーブンで焼く

予熱したオーブンで焼き、熱いうちに型から外す。

[電子オーブンレンジ] 予熱230℃→210℃で25分
[ガスオーブン] 予熱210℃→190℃で25分

レモンのシュークリーム
Choux a la Créme au Citron

おいしい食べ方

冷蔵保存でお願いします。2〜3日ほど保存は可能ですが、時間が経つとシュー生地がしんなりしてきます。シュー生地にクリームを詰めてすぐかぶりつくのが一番のオススメです。

レモン汁は一切使いません。
皮を1個分全部使い切って
香りを楽しむお菓子です。

レモンの皮をむいてから牛乳に一晩漬け込んで
香りを移してからカスタードクリームを作ると
レモンの香りのあるクリームが出来上がります。
生クリームにはすりおろしたレモンの皮を加えて
フレッシュな香りをプラスします。

シュー生地を作る作業は腕力が必要ですが
ハンドミキサーを使うことで
グッと作りやすくなります。
生地に混ぜる卵の量と生地の硬さを
見極めることが大事です。
良い具合になってくるとツヤのある状態になり
ハンドミキサーを立てると
三角形にキレイにスルーっと落ちます。

生地の水分をきっちりと飛ばして
柔らかすぎず硬すぎずの
食べやすい食感に焼き上げてください。

シュークリームが大好きな父
レモンの香りが大好きな母
両親が喜んでくれるお菓子をと
試作を何度も何度も繰り返して作った
私のレモンのお菓子、第一号です。

レモンのシュークリーム

シュー生地

◆材料（シュー生地8個分）

A
- 水‥‥‥‥‥‥‥‥‥ 35g
- 牛乳‥‥‥‥‥‥‥‥ 35g
- バター‥‥‥‥‥‥‥ 25g
- グラニュー糖‥‥‥‥ 1g
- 塩‥‥‥‥‥‥‥‥ 2つまみ

B（合わせてふるう）
- 薄力粉‥‥‥‥‥‥‥ 20g
- 強力粉‥‥‥‥‥‥‥ 20g

卵（しっかり溶きほぐす）‥‥‥ 85g

〈塗り卵〉（混ぜ合わせて裏ごしする）
- 卵‥‥‥‥‥‥‥‥‥ 12g
- 卵黄‥‥‥‥‥‥‥‥ 5g
- 牛乳‥‥‥‥‥‥‥‥ 10g
- グラニュー糖‥‥‥‥ 1g
- 塩‥‥‥‥‥‥‥‥ ひとつまみ

◆作り方

1 天板を準備する

天板にアルミ箔を敷き、常温に戻したバター（分量外）をハケで薄く塗る。薄力粉（分量外）をつけた直径5cmの抜き型で、絞り位置を目印する。

手際よく均等に生地を絞る準備です。

2 バターを溶かす

鍋にAを合わせて中火にかけ、中心がフツフツと沸いたら火を止める。

中火でバターを溶かしきってから、牛乳と水を沸騰させることで、水分の蒸発を抑えることができます。

6 繰り返し生地と卵を加える

5の作業をあと2回繰り返す。

少量残る卵は、生地の硬さを調整するときに使いますのでとっておきましょう。また、鍋に残している生地は、作業中に乾かないよう必ずフタをしてください。

7 生地の硬さを調整する

ビーターで生地をすくい上げたときに、途切れずにスッと流れ落ちればOK。

硬い場合は、6で残った卵を少しずつ加え混ぜ調整。適度な硬さになれば卵は全量使わなくてよいです。

3 粉類を加える

Bを一度に加える。粉が見えなくなって生地がまとまるまで、木ベラで手早く円に混ぜる(P16)。

> 熱いうちに練り混ぜてグルテンを出し、サクッと歯切れ良い生地にします。

4 火にかけて練る

再び中火にかけ、手早く円に混ぜる。鍋底に薄い膜が張るようになったら火から下ろす。

5 卵を加える

4の1/3量をボウルに移す。卵を大さじ2加えてハンドミキサー(ビーター1本/2速)で混ぜる。

> 卵が見えなくなってから30秒混ぜると、生地に粘りが出てキレイに膨らみます。

8 生地を絞る

丸口金(直径10mm)をつけた絞り袋に詰め、1に直径5cmほどに絞り出す。

> 天板から1cmほど離した状態で手を固定して、ひと息に絞り出します。

9 卵を塗り、霧吹きをする

塗り卵を生地の表面にハケで塗り、全体にたっぷり霧吹きをする。

> 卵を塗ると、生地にツヤが出ます。霧吹きは生地の乾燥を防ぐため。天板がビショビショになるぐらい多めでOKです。

10 オーブンで焼く

予熱したオーブンで焼く。

[電子オーブンレンジ] 予熱210℃→190℃で30分
[ガスオーブン] 予熱190℃→170℃で30分

> 生地が膨らんで表面が焼き固まるまで、扉は絶対に開けないでください。

レモンのシュークリーム
ダブルクリーム

◆材料（シュークリーム8個分）

〈カスタードクリーム〉

牛乳	200g
レモンの皮	1/2個分
卵黄	60g
グラニュー糖	40g

C（合わせてふるう）
薄力粉	5g
強力粉	10g
バター（細かく刻む）	10g

〈ホイップクリーム〉

生クリーム	65g
グラニュー糖	10g
レモンの皮（すりおろし）	1/2個分

〈仕上げ〉

粉糖	適宜

◆作り方

11 レモンの皮を牛乳に浸ける

レモンの皮を牛乳に浸し、冷蔵庫に一晩おく。

苦みがある白いワタ部分は避け、黄色い部分だけを使います。

12 牛乳を温める

11を鍋に入れて弱火にかけ、沸騰したらレモンの皮を取り除く。

16 温め直した牛乳と混ぜる

12の残りを強火にかけ、軽く沸騰したら火を止める。15を少しずつ加えながら、ゆっくり円に混ぜる。

17 中火にかける

キレイに混ざったら強めの中火にかけ、ゆっくり円に混ぜる。

ダマができても気にせず、ゆっくり混ぜ続けてください。

21 生クリームを泡立てる

氷水を当てたボウルに生クリームを入れ、ハンドミキサー（ビーター2本/3速）で八分立てにする。グラニュー糖とレモンの皮を加えて軽く混ぜ合わせる。

22 二つのクリームを合わせる

木ベラで楕円に混ぜて（P17）20をほぐし、21の1/3量を加える。

13 卵黄とグラニュー糖を混ぜる

ボウルに卵黄とグラニュー糖を合わせ、泡立て器で前後に混ぜる(P16)。

14 粉類を加える

13にCを一度に加える。粉が見えなくなるまで、ゆっくり円に混ぜる(P16)。

> ゆっくり粉を馴染ませると、なめらかな口どけになります。

15 牛乳を加える

12の牛乳を大さじ1強ずつ3回に分けて加え、その度にゆっくり円に混ぜる。

18 なめらかになるまで練る

大きな泡がフツフツと沸いてきたら、なめらかになるよう少し手早く円に混ぜる。とろみが出た後に手ごたえが軽くなったら火を止める。

19 バターを加える

バターを加えて、ゆっくり30回ほど円に混ぜる。

> ツヤが出たら、バターがしっかり馴染んだサインです。

20 すぐに冷やす

氷水を当てたボウルに移す。できるだけ薄く広げて時折ゴムベラですくい上げ、手早く全体を冷やす。

> 腐りやすいのですぐに冷やします。混ぜすぎると粘りが出るので気をつけて。

23 まだらに混ぜる

大ざっぱに均一に混ざったら残りを加え、10回ほどすくい上げる(P17)。

> 生クリームがまだらに残っているぐらいがおいしいです。

24 クリームを挟む

シュー生地を包丁で上下半分にカットし、23をスプーンですくってたっぷりと挟む。

25 粉糖をふる

好みで粉糖をふる。

シトロンの基本

こだわりの材料

ただ甘いだけではなく、香りや旨みを添える材料を加えることこそが、おいしさにつながる。これが長年の経験でたどり着いた、私の持論です。小麦粉や卵にはこだわりませんが、コレ！と決めている五つの材料をご紹介します。

ハチミツ
オージエ ラベンダーハチミツ

ハチミツを入れると、甘みが複雑になります。個性が少なくても効果がないですし、強すぎても逆効果に。私が愛用している南仏〈オージエ社〉のラベンダーのハチミツは、清涼感のある甘みと穏やかな香りが絶妙です。

ラム酒（ホワイト）
ラムカンパニー ホワイト・ラム

ホワイトラムを使うのは、軽快な味にしたい時。ジャマイカ〈ラムカンパニー〉のラム酒は、レモンによく合う南国らしいトロピカルで甘い香りが特徴です。ブランマンジェやパート・ド・フリュイに使用しています。

ラム酒（ダーク）
ルゴル ダーク・ラム

樽で熟成させたダークラムを使うのは、味に重厚感を出したい時。アルコール感は柔らかいけれど芯のある風味のフランス〈ルゴル〉のラム酒は、「ウィークエンド」に必須です。

バター
明治 明治発酵バター

〈明治〉の無塩発酵バターしか使いません。乳酸菌らしい香りの強さが好みで、クッキーやケーキを奥行きのある味にしてくれます。パウンドケーキやフィナンシェを数日おいたときの熟成感が変わりますよ。

アーモンドパウダー
マルコナ種アーモンドパウダー

生地にサクサク感を出すだけでなく、ナッツならではの旨みと香ばしさを足してくれる食材。バターと同じくらいフィナンシェの味を決めるのに重要。スペイン産の〈マルコナ種〉という品種が、味も香りもダントツです。

※すべて『イル・プルー・シュル・ラ・セーヌ』のオンラインショップ https://ilpl-yunyu.com/ にて購入可

special recipe
受け継ぎたい レモンのお菓子

教室で教えているレシピのベースは
東京・代官山にある名パティスリー
「イル・プルー・シュル・ラ・セーヌ」のもの。
今は亡きシェフ・弓田 亨先生が主催するお菓子教室に
京都から通って学びました。

弓田先生のお菓子は、こだわり抜いた繊細な配合。
素材の風味がいきいきとしていて、強く心に残る味。
ひと口食べて、
「こんなおいしいお菓子を作りたい！」
と感動したことが
私がこの世界に飛び込んだきっかけです。

最後にご紹介するのは
教室でも絶大な人気を誇っている
レモンを使った伝統的なフランス菓子。
宝物として受け継いで作り続けているレシピです。

ガトー・ウィークエンド
Gateau Weekend au Citron

おいしい食べ方

常温保存をおすすめします。冷蔵保存でもかまいませんが、冷えてしまうと生地が硬くなるので常温に戻して生地を柔らかくしてからお召し上がりください。食べ頃は作った日から1週間ほど。表面のシャリシャリ食感のお砂糖が溶けないうちにどうぞ。

家族や恋人同士や友達など
大切な人と週末に一緒に食べるお菓子
というのが名前の由来です。

キュッと詰まった弾力のある生地かと思いきや
噛むとほろほろと崩れる独特な柔らかさと
爽やかなレモンの香りが広がります。
生地の表面に塗った杏ジャムのやさしい甘みに
レモンの酸味のあるシャリシャリ食感のお砂糖が
混ざり合って口の中でなんとも言えない
一体感が生まれます。

とてもシンプルな構成なのに
お菓子に興味のある人はもちろん、ない人をも
ハッとさせるようなおいしさと魅力があって
一度食べるとまたすぐにでも食べたくなるのです。

このお菓子は私の家族や友達に
ファンがとにかくとても多いので
作るたびにあの人にもこの人にも食べさせたいなと
たくさんの人の顔が浮かぶと同時に
ウィークエンドみたいな魅力的な人間になりたい！
と毎回作りながら思っている私です。

ガトー・ウィークエンド

生地

◆材料
（18×7×5.5cmのパウンド型1本分）

〈生地〉

卵	90g
グラニュー糖	115g
レモンの皮(すりおろす)	1個分
サワークリーム	50g
A（合わせてふるう）	
薄力粉	25g
強力粉	25g
ベーキングパウダー	2g
バター	30g
ラム酒(ダーク)	10g

◆作り方

1 バター以外の材料を冷やす

バター以外の生地の材料を、冷蔵庫で30分以上冷やす。

材料をしっかり冷やすことで、ほろほろと口どけのよい生地になります。大小の蓋付き保存容器に入れると重ねられて便利です。

2 バターを溶かす

小鍋にバターを入れて中火にかけ、半分ほど溶けたら火を止める。

他の作業を進めている間に、余熱で溶けてくれます。

5 サワークリームをほぐす

別のボウルにサワークリームを入れ、泡立て器で軽くほぐす。4の1/4量を加えて、円に混ぜて(P16)柔らかくする。

冷えたサワークリームは硬い状態。分離しないよう、少量の卵でのばします。

6 5を4に混ぜる

5を4のボウルに加え、30回ほど円に混ぜる。

9 ラム酒を加える

ラム酒を一度に加えて円に混ぜる。だいたい混ざったら、10回ほどすくい上げる。

10 高温で表面を焼く

オーブンシートを敷いたパウンド型に流し、オーブンで焼く。

電子オーブンレンジ　予熱280℃→260℃で6分
ガスオーブン　予熱250℃→230℃で5〜6分

生地の表面を焼き固めて膜を作ります。

3 卵を溶きほぐす

ボウルに卵を入れ、泡立て器で10回ほど前後に混ぜて(P16)溶きほぐす。

4 グラニュー糖などを加える

グラニュー糖とレモンの皮を加え、60回ほど前後に混ぜる。

7 粉類を加える

Aを一度に加え、40回ほどゆっくり円に混ぜる。粉が見えなくなったら10回ほどすくい上げる(P17)。

| 練ると生地が硬くなってしまうので、気をつけましょう。

8 バターを加える

2を30〜40℃に調節しながら2回に分けて加える。加える度に20〜30回ほど円に混ぜる。

| 生地の温度が上下すると、理想の食感になりません。必ず温度を測ります。

11 切れ目を入れる

オーブンから取り出し、水で濡らしたナイフで生地の中央1/3ほどに切れ目を入れる。

| 蒸気の逃げ道を作ると、生地の表面が凸凹せずキレイに膨らみます。

12 再びオーブンで焼く

オーブンに戻し、温度を変えて再び焼く。

[電子オーブンレンジ] 190℃で25分
[ガスオーブン] 170℃で23分

仕上げの工程へつづく →

61

ガトー・ウィークエンド
アンズジャムとレモンのアイシング

◆材料
（18×7×5.5cmのパウンド型1本分）

〈アンズジャム〉※市販品でも可

アプリコットピューレ	50g
グラニュー糖	37g
ペクチン（ジャム用）	1g
水あめ	5g

〈レモンのアイシング〉

粉糖（ふるう）	45g

B

レモン汁	5g
水	5g

◆作り方

13 ペクチンを下準備する

アンズジャムを作る。鍋にグラニュー糖とペクチンを入れて、泡立て器でしっかり混ぜ合わせる。

粒子が細かいペクチンは、直接液体に入れるとダマになります。必ずグラニュー糖と混ぜてから使いましょう。

14 ピューレを加えて煮詰める

アプリコットピューレを加えて、しっかり混ぜ合わせる。強めの中火にかけて沸騰させ、混ぜながら煮詰める。

18 レモンのアイシングを作る

ボウルに粉糖を入れ、**B**を2回に分けて加える。加える度に、なめらかになるまで泡立て器で混ぜる。

19 レモンのアイシングを塗る

18をハケで**17**の表面にまんべんなく塗る。

15 煮詰め具合を確かめる
スプーンでバットに1滴落として、煮詰め具合を見る。

右の様に丸く固まればOK。左の様に横に広がる場合はもう少し煮詰めて。市販のジャムを使う場合も、この硬さが目安です。

16 水あめを加える
ちょうどいい粘度になったら火を止め、水あめを加えて混ぜる。

火にかけたまま加えると、水あめが焦げてキャラメル状になってしまいます。写真が完成時のベストな状態です。

17 生地にジャムを塗る
16をハケで**12**の表面に塗り、指先で触れてもジャムがつかなくなるまで乾かす。

アンズジャムは生地をおいしく保護する役割。レモンのアイシングが生地の表面にキレイにかかるようになります。

20 オーブンで粉糖を溶かす
19をオーブンに入れ、粉糖を焼き溶かす。

[電子オーブンレンジ] 予熱270℃→250℃で2〜3分
[ガスオーブン] 予熱250℃→230℃で1分前後

レモンのアイシングが透明に溶けて、生地の端でプクプクしたらOKです。

21 網の上で乾かす
ケーキクーラーや金網にのせてしばらくおいて冷まし、表面を乾燥させる。

63

レモンのタルト
Tarte au Citron

フランスの国民的お菓子
しっかり甘くてキュンと酸っぱいです。

土台は、サクサクとした練りパイ生地。
中に流し込む液体生地はレモンをまるごと1個使います。
トロンと柔らかくねっとりとした独特の食感は
混ぜ方と焼き加減とお砂糖の量が大事です。
卵と多めの砂糖を白っぽくなるまでしっかり混ぜる。
温かいバターを少しずつ加えてまたしっかり混ぜる。
砂糖をきちんと溶かしてあげるのが重要です。
焼き上がりは軽くタルトをゆすってみます。
アパレイユ(液体生地)の表面が
波のようにユラユラと揺れたらまだ焼けてません。
弾力が出てフルフルっと揺れたら焼き上がりです。

このレモンのタルトを
教室でレッスンすると生徒さんから
お砂糖の量を減らしていいですか？と質問されます。
私もいまだに計量する度に
その砂糖の量の多さにびっくりします。
ちょっと大袈裟かもしれませんが
清水の舞台から飛び降りる気持ちで
レシピ通りの分量で作ってみてください。
ほかにないおいしさに出合える喜びが待っています。

おいしい食べ方

冷蔵保存で4〜5日間ほど保存できます。冷たくても、少し常温に戻して食べてもおいしいです。ぬるくなればなるほど甘く感じます。自分のお好みの温度を見つければ、よりおいしくいただけますよ。

レモンのタルト

練りパイ生地

◆材料
（直径16×高さ2cmのタルト型1台分）

A（一緒にふるっておく）
- 薄力粉 …………… 55g
- 強力粉 …………… 55g

バター（5mm厚さに切る）…… 70g

B（混ぜ合わせておく）
- 牛乳 ……………… 10g
- 卵 ………………… 25g
- グラニュー糖 …… 10g
- 塩 ………………… 2g

強力粉（打ち粉用）………… 適量
卵黄（塗り卵用）…………… 適量

◆作り方

1 材料と道具を冷やす

練りパイ生地の材料と、刃をセットしたフードプロセッサーの容器を冷蔵庫で冷やしておく。

| 生地作りの最中にバターが溶けると、サクサクの生地にならないので冷やします。

2 バターと粉を混ぜる

1のフードプロセッサーにA、バターを入れる。バターが細かくなるまでこまめに回したら、ボウルに移し替える。

| バターが米粒ほどになれば、OKです。

6 重ねまとめて寝かせる

5を一つにまとめ、2cm厚さの正方形に整える。ラップで包み、冷蔵庫で一晩寝かせる。

| このとき、めん棒とまな板も冷蔵庫で冷やします。

7 生地を1cm厚さにする

6の両面に打ち粉をしてまな板の上にのせ、めん棒で1cmの厚さにのばす。

| 冷えて硬くなった生地を、めん棒で上からギュッと押して柔らかくします。

11 生地を型にはめる

型の中に生地を立てるようにして入れた後、型の内側にピッタリと貼りつける。

12 生地の高さを整える

型より1cmほど高くなるように生地をハサミで切り落とす。フチを指で整え、冷蔵庫で30分程寝かせる。

| 柔らかくなった生地を、再び冷やして落ち着かせます。

3 卵液を加える

Bを3回に分けて加える。加える度に写真のように両手でボウルの底からすくい混ぜる。

> 手の熱でバターを溶かさないよう、手早く粉と液体を馴染ませます。

4 そぼろ状にする

全体がしっとりして、スクランブルエッグのような状態になるまで3と同様に両手ですくい混ぜる。

5 団子に握る

生地を両手で握り、3~4個の団子を作る。

> 生地はパラパラとした状態。まずは小分けにしてギュッと握り固めます。おにぎりを作る感覚で!

8 生地を円く伸ばす

めん棒を転がして円形に伸ばし、3mmの厚さにする。

> 3mmの厚さの板を両脇に添えると便利です。直径23cm弱の円形が理想です。

9 生地に穴を開ける

両面の打ち粉をハケで払い、フォークで穴を開ける。

> 生地が凸凹に膨らまないよう、蒸気の逃げ道を作ります。

10 生地を型にのせる

型にバターを塗り、オーブンシートを敷いたまな板の上に置く。上からかぶせるように9をのせる。

13 生地を空焼きする

オーブンシートを敷いてから重石をのせ、予熱したオーブンで空焼きする。

[電子オーブンレンジ] 予熱230℃→210℃で12分
[ガスオーブン] 予熱210℃→190℃で12分

> オーブンを予熱するときに、天板と重石も温めておきます。

14 卵黄を塗る

重石とオーブンシートを外し、生地の表面にハケで卵黄を塗る。

> 生地をコーティングして、サクサク感を保ちます。

15 再びオーブンで焼く

13と同じ温度に設定したオーブンに入れ、卵黄が乾くまで2~3分焼く。

> これで土台になる練りパイ生地は完成!続いて中の液体生地に入ります。

レモンのタルト

液体生地

◆材料
（直径16x高さ2cmのタルト型1台分）

※バター以外は常温に戻す

卵	80g
グラニュー糖	145g
バター	55g
レモンの皮（すりおろす）	1個分
レモン汁	30g

◆作り方

16 バターを溶かす

バターを鍋に入れ、中火にかけて溶かす。

17 卵を軽く泡立てる

ボウルに卵とグラニュー糖を入れ、泡立て器で100回ほど前後に混ぜる（P16）。

> 少し白っぽくなって、もったりしたらOKです。

18 溶かしバターを加える

16を60〜80℃に調節しながら、5回に分けて加える。加える度に60回ほど円に混ぜる（P16）。

> 生地が分離しないよう、バターの熱でグラニュー糖を溶かします。

19 レモンを加える

レモンの皮とレモン汁を一度に加え、30〜40回円に混ぜる。

20 タルト生地に流し込む

15に流し込む。

> フチのギリギリまで流し込みます。この生地と液体生地のバランスも重要です。

21 オーブンで焼く

予熱したオーブンで焼く。

[電子オーブンレンジ] 予熱210℃→190℃で25分
[ガスオーブン] 予熱190℃→170℃で25分

> 軽く揺すったときに中央がゆらゆらと揺れなくなったらオーブンから取り出す。

シトロンの基本

ゴムベラ

材料を加えたり、生地を移し替えたりなど、ゴムベラが活躍するのは地味な作業ばかり。ですがこのさりげない作業を丁寧にこなすことも、おいしさの決め手。おすすめのゴムベラと使い方のコツをご説明します。

ボウルの底は先端で
ゆるやかな曲線を描く先端は、ボウルの底をすくう際にちょうどよい幅とラインです。

ボウルの側面は直線&曲線で
直線と曲線が組み合わさったこのラインを使うと、ボウルの側面にフィットします。

角にはカドを
容器とヘラ、お互いの角を合わせるだけで、スッとキレイに拭えます。

この薄さも重要です
形に気を奪われがちですが、横から見た時のこの薄さも同じくらい重要です。

柄を短く握ります
短く持った方が繊細に動かせて、力も伝えやすいです。長く持つのは逆効果です。

ゴムベラ選びで重視しているのは、何よりも薄さ！ 薄いほど素材と容器の隙間が少なく、キレイにぬぐい取れるからです。お菓子の材料は配合が繊細なので、ほんの少しの分量の違いで味や仕上がりが変わります。なので、分量の差異がないように作業を進めるのが理想。容器にフィットしやすい、しなやかさと形状が大切になります。その点、長年愛用している［アルティス］のゴムベラは、直線と曲線の形が完璧です。面の部分も、段差を抑えたフラットな形状で高ポイント。生地がたまりにくくて洗いやすいので、作業中のストレスが違いますよ。

●アルティス シリコンヘラ Mサイズ(55×275mm)・白

シトロンの基本

軍手

オーブンから天板を出し入れしたり、焼きたてのケーキを型から外したり、熱いものに触れることが多いお菓子作りにミトンや鍋つかみは必須ですよね。でもわたしがおすすめしたいのは、軍手なんです！

どこにでも売っている、ごくごく普通の軍手。この2枚重ねが最強！ 一番の理由は、指先を細かくコントロールしやすいところ。5本指のミトンもありますが、ダボっとゆるめのものが多くて指先の感覚が鈍るのが難点。生地が伸び縮みする軍手は、指先のフィット感があり作業効率も格段に上がります。1枚だけだと生地が薄くやけどをしてしまうため、使う際には必ず2枚重ねにすることを忘れずに。どこでも買えて価格が気軽なところも、おすすめしたい理由の一つです。

焼きたての熱い型を触ったり、熱伝導の良い鍋を持ったりなど、両手を指先まで自由に使えるから、細かい作業もスムーズにこなせます。手首がキュッと締まっているので、ずり落ちません。天板を持つときの安定感も段違い。忘れないように常に2枚重ねた状態でスタンバイしておくのが大切です。

山本稔子が
大切にしているもの

幼い頃からモノにも人にも、一途にのめり込むタイプ。
情に厚く、周りからの信頼も厚い山本稔子さん（通称とっこさん）の
自慢のコレクションや、親友との想い出話など
ずっと大事にしているものや人、事柄をご紹介します。

column

とっこ先生の
お気に入り。

とっこ先生の愛称で親しまれている
山本稔子さんは
根っからのコレクター気質。
なかでも思い入れが深いアイテムを
教えていただきました。

レモングッズ

　チョンととがった先に、ころんと丸いフォルム。元気が出る色合いも、断面の幾何学的な美しさも。味わいはもちろん、レモンは見た目も大好き。食器だけでなく雑貨や本など、レモンを思わせるアイテムを見つける度につい買ってしまいます。シトロンという教室名からレモン好きがバレバレなので、いただく機会もしばしば。気付けばあちこちレモンだらけに。どれも見るだけでなんだか元気になります。

コップ

　幼いころによく使っていた懐かしさもあって、つい集めてしまうのが昭和レトロなコップ。同じものをいくつも買いそろえてズラッと棚に並べるのが気持ち良くて大好き（実は収納マニアでもあります）。手にスッと馴染む、やや小ぶりなサイズのものが特に好みです。時代を感じるおしゃれ過ぎない独特の色使いや模様など、ちょっとチープなデザイン感が、ほっこり落ち着くんですよね。

　最初は、教室の冷蔵庫の賑やかしにと数個飾っていただけなんです。それがいつの間にか周りにマグネット好きだとすっかり思われて……ほぼいただきものでこんなコレクションに。集まるうちに興味と愛着が湧いてきました（笑）。

　季節や気分に合わせて並べ方を変えるのが楽しい時間。色分けしたり、似た形を揃えたりなど、配置にはちょっとしたこだわりがあります。

エプロン

　友人や生徒さんの間で、私のトレードマークになっているのが、リネンの白シャツとエプロン。実はどちらも、私の母がかれこれ20年近く前から手作りしています。

　昔から手芸が大得意でミシン縫いが大好き。幼い頃にはセーターもよく編んでくれた母・美知子は、87歳の今も難なく針を通せるほど目も手先も達者。「趣味が役立つわ〜」と喜ぶ彼女に甘えて、長年お針子をお願いしています。

　とことんワガママが言える身内の特権で、私好みにカスタマイズしたエプロンは、一日中着ても疲れない、リネンの中でも薄くて軽い生地。首が詰まるのも着る度に調整するのも好きじゃないので、首ひもをゆったり長めに固定しています。やや大きめのポケットは、使いやすさを重視して前側に二つ。長めの腰ひもは、後ろでクロスして、前でキュッと結べるスタイルです。

　いつしか生徒さんから「わたしも同じものが欲しい！」との声が上がるようになって、色違いや柄物も母にお願いして教室で販売するように。母・美知子のファンは年々増える一方です。

お菓子皿

　以前、『シトロン・シュクレ』というパティスリーカフェを開いていた（詳しくはP86）名残もあって、コップや器などの食器コレクションは、なかなかのもの。なかでも好みがはっきりしているのが、お菓子皿です。
　サイズはカットケーキひと切れがピッタリの18㎝前後が中心で、主役のお菓子がきちんと目立つ中央が白無地なものがマスト。ただ、完全な白無地では寂しいので、周りにラインや小花や草木などの小さな柄が入っているものを選んでいます。
　最先端のデザイン！　というよりも、昭和レトロ感や西洋アンティーク感があるものが落ち着くし、私が作る気取らないフランス菓子に一番似合うと思っています。ブランドでいうと、日本なら「Noritake（ノリタケ）」や"オールド東陶"とも呼ばれる「東洋陶器」（あの『TOTO』が食器を製造していた時代の社名）など。西洋なら、スウェーデンの「GUSTAVSBERG（グスタフスベリ）やフィンランドの「ARABIA（アラビア）」。ブランドよりビジュアル重視の直感で手にしていますが、無意識に同じブランドを選んでいるのが、おもしろいなぁと思います。

column

あれから もう、10年目

教室、ときどき
出張クレープ。

教室の合間を縫って、親しい飲食店とコラボ。
焼きたてクレープのイベントを年に数回企画しています。
そのはじまりは、京都の『喫茶ムギ』からでした。

「ねえ、数日だけでいいから、お店でクレープ焼かせてくれへん？」

「いいよ！ウチで良かったら使って！」

　お菓子教室に専念しよう。そう心に決めてカフェ『シトロン・シュクレ』を閉めたはずが「私のお菓子をただ食べたいというお客さまも、やっぱり大切にしたい。特にファンが多かったお店の名物・レモンのクレープをまた食べてほしい」。店をやめて1年足らずで膨れ上がった私の想いを受け止めてくれたのが、長年の親友であり、京都『喫茶ムギ』の店主でもある、マッキーこと後野利恵さん。飲食店間借りイベント、名付けて"出張クレープ"は、こうしてはじまりました。

　初回から予想以上の大好評。「また企画して欲しい！」リクエストに応じているうちに自然と回を重ねるように。イタリアン『チェンチ』やバー『うえと』など京都以外にも石川や熊本などにも足を運び、これまで40軒以上のお店にご協力をいただき、特別コラボメニューも提供しています。気づけば約10年が経ち、今では山本稔子の気まぐれ企画として定着しています。

　告知のフライヤーはすべて、多趣味で多才なマッキーのご主人が、開催場所に関わらずデザインしてくれています。思い立ったら止まらない私を笑顔で支えてくれる『喫茶ムギ』夫妻には、感謝しかありません。

喫茶ムギ

2013年にオープンした、京都・二条駅から歩いて10分ほどの住宅街に潜む小さな喫茶店。旬の素材をシンプルに生かした利恵さん手作りの定食やスイーツは、どれも体に優しいほっこりする味わい。なかでも人気は、豆乳とおからの焼きドーナツの真ん中にバニラアイスをのせた「ドーナツのアイスのせ」。日々の暮らしを彩る雑貨も販売している。

075-200-8283　京都市中京区西ノ京樋ノ口町105-1　11:30〜16:00　日〜火休&祝日不定休　@kissa_mugi

column

山本稔子×『雨林舎』奥田千帆さん

おかしな二人は、昔も、今も。

実は、いとこ同士で幼なじみ。
教室、お店とそれぞれにお菓子作りに励む二人には
ちょっとした共通点がありました。

**お菓子作りの原風景は
悦子さんの手作りパン**

稔子さん（以下稔子） 小学生の頃、夏休みは千帆ちゃんの家に私が泊まりに行くことが多かったよね。年も二つ違いで近いし、自然と仲良くなったよね。

千帆さん（以下千帆） とっこちゃんの実家の串揚げ屋さんが、夏休みは特に忙しかったからね。親戚付き合いも盛んだったしね。

稔子 たくさんある想い出のなかで忘れられないのが、千帆ちゃんのお母さんの悦子さんが、朝によく焼いてくれたロールパン！ 焼きたてってこんなにおいしいんや〜って感動して、泊まるときの楽しみやったなぁ。

千帆 おやつや朝ごはんにホットケーキ焼くこともあったね。私が店で出しているホットケーキは、母が作っていたレシピがベース。小学校高学年の頃には、本を見ながら自分でも焼いていたなあ。

稔子 悦子さんのホットケーキもクッキーも、食べた！食べた！ 一番はパンだけど、どれもホントおいしくて……。ロールパンを丸めるのを手伝ったことも少しだけあったな。思えば悦子さんが、私に、"お菓子を作る楽しさ"を教えてくれた気がする。

千帆 私にとっては日常やったから意識してなかったけど、改めて考えたら私も間違いなく影響を受けているよね。

稔子 40年近い年月を経てようやく、お互いの原点に気づいたね。

**学んだのは、同じ教室
作るお菓子は、それぞれ**

稔子 千帆ちゃんが『イル・プルー・シュル・ラ・セーヌ』に通いはじめたのは、私よりも少し後やったよね。

千帆 とっこちゃんから詳しい話を聞いたことはなかったし、私がそこに決めた理由を覚えてないけど、「同じところなら安心かな」って気持ちからかな。

稔子 同じ弓田亨先生に学んだけど、作るものがまったく似ていないのが、おもしろいよね。私は弓田先生の味に強烈に惚れ込んだのがきっかけでもあるから、基本的に先生のレシピに忠実。だけど千帆ちゃんは……。

千帆 弓田先生のレシピ、ほとんど生かしてないね（笑）。考え方やエッセンスを学んだイメージかな。

稔子 なんていうか、性格の違いが出てるよ

奥田千帆●おくだ・ちほ 2004年にオープンした喫茶『雨林舎』店主。京都生まれ京都育ち。人見知りながらも芯のある性格。イラストや本、アクセサリーなど、好きなものに囲まれながら日々お菓子作りにいそしんでいる。

ね。私は気づかれにくい地味なマイナーチェンジを好む職人タイプで、千帆ちゃんは我が道を行く、意外に大胆な冒険派。マドレーヌに天然酵母を使うとか、私には思いつかへん。

千帆 材料も違うし、正確にはマドレーヌじゃないけどね。マドレーヌ型を使っているからそう付けただけ（笑）。

稔子 そんなざっくばらんなところも好きやわ（笑）。マドレーヌだけじゃなくて、黒糖クッキーも素朴でおいしい。千帆ちゃんの作るお菓子は、自分には絶対に作れないおいしさがあるなと思う。

千帆 お互い様だよ。とっこちゃんのお菓子は味も香りも繊細で、構成も複雑。一つのお菓子の中に、いろいろな味わいがある。すごいな〜と食べる度に思うよ。

稔子 私、実は甘いものはそこまで好きじゃないんだけど、千帆ちゃんのお菓子はなんかふいに食べたくなるし、食べ出したら止まらなくなる。

千帆 それも一緒（笑）。私も甘いもの、そんな特別好きではないもん。

稔子 そんな二人が、なぜか揃ってお菓子作りの道を選んでいる不思議。

ヒットしたロールケーキのウラ話

千帆 『シトロン・シュクレ』の塩キャラメルのロールケーキも、好きやったな。

稔子 あれにはいろいろと複雑な想いがあるんやけどね。

千帆 え？ なんで？

稔子 「ロールケーキは売れるから」ってことで作ることになったけど、なんかブームに乗っかろうとしている自分が嫌で……。

千帆 とっこちゃんらしい（笑）。

稔子 だから、世間で人気のロールケーキとは真逆にしたんだよね。生地はふわふわじゃなくて、キュッとかため。生クリームは一切使わずに、バタークリーム。これなら私らしいかな、と。そしたら、予想以上に売れて驚いた（笑）。

千帆 自分では予想外のお菓子が売れること、よくあるよね。

稔子 あ、千帆ちゃんもあるんやぁ。性格もお菓子の表現も違うけど、根っこの部分で私と千帆ちゃんは、どこか似ている部分がいろいろと多いよね。悦子さんの影響も互いに大きいし、好みの共通点も多い。甘いものというより、"おいしいもの"が好きなところとか。

千帆 甘いものは毎日作っているからかもね。でも、確かにおいしいものは私も大好き。いまも母が作るパンやお菓子は、やっぱりおいしいなあと思う。

稔子 幸せになる味だよね。千帆ちゃんのお菓子と同じ。私もそんな味を目指して頑張ります！

雨林舎

京都・二条駅から少し南、町家が連なる細い路地に佇む喫茶店。ペンダントライトが柔らかく灯るしっとりした雰囲気と、昔懐かしい焼きたてホットケーキのファンが多い。カウンターで販売しているマドレーヌや黒糖クッキーなどの焼き菓子は、テイクアウトだけの利用もOK。店内一角のギャラリーで、知人作家の小物や絵の展示・販売もしている。

075-822-6281　京都市中京区西ノ京小倉町22-12　11:00〜18:00　月〜水休
@uurinsha

information

お菓子教室
シトロンへようこそ！

清水焼の専門店が立ち並ぶ、京都・五条坂。その大通りから少し北に上がった細路地にある町家が、私の教室です。初めての方でも安心して受けられる1レッスン最大5名までの少人数制クラス。実演しながらポイントやテクニックを解説した後に、ご自身にもその場で作っていただく実践型です。作業を分担せずに一人ずつ最初から最後まで作り上げるので、わかりやすいと評判です。楽しい試食付きで、完成したお菓子は丸ごとお持ち帰りいただきます。気さくな雰囲気なので興味がある方はぜひお越しくださいね。

◎予約はオンラインのみ
https://www.citron-kyoto.com

◎詳細はこちらでも
@citrontokko

有名な清水の産寧坂まで歩いて10分少々。レッスンついでに京都観光を楽しまれる生徒さんもたくさんいらっしゃいます。私も気分転換と体力作りを兼ねて、散歩を日課にしています。下段右2枚の写真は、〈梅園 清水店〉で大好きなみたらし団子をいただいているところ。

おわりに

レモンのお菓子いかがでしたか？
レモンは主役にも脇役にもなれる
とても魅力的な果物だと思います。
ご紹介した13種類の中から一つでも
おうちの定番にしていただけたらうれしいです。

実は、小さい頃は甘いものが苦手で、興味がありませんでした。
お菓子にのめり込んだのは、17歳の時。
兄夫婦が、お土産で買って来てくれた
後に師匠となる、弓田亨先生のお菓子を食べた瞬間からです。
食べたことのない、感動的なおいしさでした。
東京に行かないと買えないし、
自分で作れるようになれば、食べたい時に食べられる！
その時は教室をする気もなければ、お店をする気も、もちろんありません。
ただ食べたいだけで、東京まで勉強しに通うことになりました。

京都でお菓子教室を始めて、22年が経ちました。
まさかこんなに長くできるなんて……と
たまに振り返って、驚きます。
今では、素敵な生徒さんに囲まれて
お菓子を作らせてもらっている日々が
私にとって、本当に幸せな時間です。

2006年には、教室と並行して、［シトロン・シュクレ］という
レモンのお菓子をメインにした菓子店をオープンしました。
カフェと教室も併設して、焼きたてのクレープも人気でした。
今でも、またあのお店ならしたいなと、何度も思い出します。
8年間という短い期間でしたが、色んなお菓子が誕生しました。
こうして、レモンのお菓子の本を出版することができたのは
当時、一緒に頑張ってくれたスタッフのおかげです。

今は亡き師匠の教えと、言葉を忘れずに
お菓子作りの楽しさを
私らしくお伝えしていけたらなと思います。

Profile

山本稔子　やまもと・としこ

[お菓子教室シトロン]主宰。京都・嵐山の串揚げ屋の娘として生まれ育ち、お菓子とお酒をこよなく愛している。東京・代官山の[イル・プルー・シュル・ラ・セーヌ]でフランス菓子の基礎を学んだ後、2002年に京都市内で[お菓子教室シトロン]をスタート。2006年にレモンの菓子を主役にしたパティスリーカフェ[シトロン・シュクレ](現在は閉店)をオープンして注目を集める。近年はお菓子教室を営むかたわら、飲食店のプロデュースやメニュー開発なども手掛けている。

@citrontokko

Staff

デザイン　岩永聡子
写真　わたなべよしこ
文＆レシピ構成監修　川島美保
編集　長瀬　緑
校閲　徳山浩文

京都のお菓子教室シトロンの
レモンのお菓子

2024年11月29日　第1刷発行

著　者	山本稔子
発行人	谷　正典
発　行	株式会社京阪神エルマガジン社
	〒550-8575
	大阪市西区江戸堀1-10-8
	編集　06-6446-7716
	販売　06-6446-7718
	https://www.lmaga.jp/
印刷・製本	株式会社シナノパブリッシングプレス

©Toshiko Yamamoto 2024
ISBN978-4-87435-742-2
Printed in Japan

乱丁・落丁本はお取り替えいたします。
本書記事・写真の無断転用・複製を禁じます。
本書に掲載された内容やデータは2024年10月現在のものです。